PLÄTZCHEN BACKBUCH

LOVE FOOD™

INHALT

EINLEITUNG

Zutaten abwiegen, Teig kneten, ausrollen, lustige Figuren ausstechen und die fertigen Plätzchen schön verzieren – das macht allen Kindern Spaß. Beim Plätzchenbacken können sich die kleinen Bäckerlehrlinge richtig austoben, es wird eifrig genascht, und es geht auch mal etwas daneben. Doch was soll's, wenn man kreativ sein kann und die Vorfreude auf selbst gebackene Kekse groß ist?

Welche Aufgaben die Kleinen beim Plätzchenbacken übernehmen können, hängt von ihrem Alter und ihrer Erfahrung in der Küche ab. Wir haben die Arbeitsschritte, bei denen die Hilfe von Erwachsenen gefragt ist, daher mit einem Symbol markiert. Wenn mit heißen Dingen, scharfen Werkzeugen oder elektrischen Geräten hantiert wird, sollte die „Bäckermeisterin" immer ein Auge auf die Kinder haben.

Vor dem Backen …

- das Rezept genau durchlesen.
- die Hände waschen und eine Schürze anlegen (Chaos ist vorprogrammiert).
- die Zutaten abwiegen und sich genau ans Rezept halten.

Haben Sie alle Utensilien beisammen? Wir haben für Sie eine Liste mit den wichtigsten Gerätschaften zusammengestellt (weitere Dinge stehen in der jeweiligen Rezeptliste):

- Kuchengitter
- Handmixer
- runde Ausstecher
- Spritzbeutel oder -flasche mit Tüllen
- Backbleche und Backpapier
- Holzlöffel und Teigspatel
- Teigroller
- Sieb
- Cocktailspieße

NOCH FRAGEN?

Aus dem Grundteig rechts entstehen leckere Butterkekse mit Vanillegeschmack. Gleichzeitig ist es das Basisrezept für die meisten Plätzchen in diesem Buch.

Warum muss der Teig zweimal gekühlt werden?

Gekühlter Teig lässt sich leichter ausrollen und ausstechen. Damit die Plätzchen beim Backen nicht auseinanderlaufen, werden die ausgestochenen Plätzchen ein zweites Mal in den Kühlschrank gestellt. Kühlen Sie den Teig vor dem Ausrollen und vor dem Backen jeweils mindestens 10 Minuten bis höchstens 2 Stunden.

Woran erkenne ich, dass die Plätzchen durchgebacken sind?

Da die Backzeit von Rezept zu Rezept und von Ofen zu Ofen unterschiedlich ist, sollten Sie nach Ablauf der Mindestbackzeit einen Blick auf die Plätzchen werfen, denn sie verbrennen leicht! Als Faustregel gilt (Ausnahme sind Kekse mit Kakao oder Lebensmittelfarbe): Die Plätzchen sind fertig, wenn sie am Rand goldgelb sind. Prüfen Sie, ob die Ränder fest sind oder berühren Sie die Plätzchen leicht mit einem Spatel, um festzustellen, ob sie schon durchgebacken sind.

GRUNDTEIG

Ergibt 1 Teigportion

Zutaten

200 g weiche Butter
150 g Zucker
1 großes Ei
2 TL Vanilleextrakt
400 g Mehl

1. Butter und Zucker in einer Rührschüssel mit einem Handmixer gut verrühren.

2. Ei und Vanilleextrakt mit einem Holzlöffel untermengen.

3. Das Mehl in die Schüssel sieben und alles zu einem groben Teig verrühren.

4. Den Teig zu einer Kugel formen, in Frischhaltefolie wickeln und mindestens 10 Minuten in den Kühlschrank legen.

TIERPUZZLE-KEKSE

Ergibt 24 Stück

Zutaten

1 Portion Grundteig (s. Seite 5)

Fondant (s. Tipp S. 9) in diesen Farben:

200 g hellblau

200 g mittelblau

20 g weiß

20 g schwarz

200 g grün

150 g orange

10 g rot

200 g gelb

je 100 g hell- und dunkelbraun

50 g rosa

Weitere Utensilien

Ausstechset mit Tierformen

1. Zwei Backbleche mit Backpapier auslegen und beiseitestellen.

2. Den Grundteig herstellen (s. Seite 5), zwischen zwei Stücke Backpapier legen und 5 mm dick ausrollen. Mit den Ausstechern 24 Kekse ausstechen und die Teigreste wenn nötig verkneten und nochmals ausrollen.

3. Die Kekse auf die Backbleche verteilen und 10 Minuten in den Kühlschrank legen. In der Zwischenzeit den Backofen auf 180 °C vorheizen.

4. Die Kekse 15–18 Minuten im vorgeheizten Ofen backen, bis sie an den Rändern goldgelb sind. Aus dem Ofen nehmen und ein paar Minuten auf den Blechen abkühlen lassen, dann zum Auskühlen auf ein Kuchengitter legen.

5. Den hellblauen Fondant 5 mm dick ausrollen. Den Elefanten ausstechen, leicht mit Wasser anfeuchten und auf den Elefantenkeks legen. Den mittelblauen Fondant ausrollen, den Elefantenkopf ausstechen und mit einem Messer zurechtschneiden. Aus dem weißen Fondant zwei Stoßzähne formen. Für die Augen zwei kleine Kugeln aus schwarzem Fondant formen und flach drücken. Alle Teile anfeuchten und ankleben.

Auf Safari!

6. Den grünen Fondant ausrollen, das Krokodil ausstechen, anfeuchten und auf den Krokodilkeks legen. Den orangefarbenen Fondant ausrollen und mit dem Rand des Ausstechers ein Zickzackmuster für den Krokodilrücken ausstechen. Für die Augen schwarze und weiße Kugeln formen. Anfeuchten und aufkleben.

7. Den orangefarbenen Fondant ausrollen, die Schlange ausstechen, anfeuchten und auf den Schlangenkeks legen. Den grünen Fondant ausrollen, den Kopf ausstechen, dann für die Punkte vier kleine Kugeln formen und flach drücken. Aus rotem Fondant die Zunge formen, für die Augen Kugeln aus schwarzem Fondant formen. Anfeuchten und aufkleben.

8. Den gelben Fondant ausrollen, die Giraffe ausstechen, anfeuchten und auf den Giraffenkeks legen. Den orangefarbenen Fondant ausrollen und geometrische Figuren für den Körper ausschneiden. Aus braunem Fondant die Hörner formen. Für die Augen Kugeln aus schwarzem Fondant formen. Anfeuchten und aufkleben.

9. Den hellbraunen Fondant ausrollen, den Affen ausstechen, anfeuchten und auf den Affenkeks legen. Den dunkelbrauen Fondant ausrollen und den Kopf ausstechen. Den rosafarbenen Fondant ausrollen und die Schnauze ausstechen. Aus dem braunen Fondant den Schwanz formen. Für Augen und Nase Kugeln aus weißem und schwarzem Fondant formen. Anfeuchten und aufkleben.

10. Den gelben Fondant ausrollen, den Löwen ausstechen, anfeuchten und auf den Löwenkeks legen. Das Löwengesicht ausstechen, anfeuchten und auf den Keks legen. Den orangefarbenen Fondant ausrollen, die Mähne ausstechen, anfeuchten und rund um das gelbe Gesicht legen. Für die Augen Kugeln aus schwarzem Fondant formen und flach drücken. Anfeuchten und aufkleben.

TIPP!

Man kann Fondant auch mit Pastenfarbe in Gelb, Orange, Grün, Blau, Rosa, Rot und Schwarz selbst einfärben. Dazu 1,25 kg weißen Fondant in die auf Seite 6 angegebenen Mengen aufteilen und nach und nach ganz kleine Mengen Farbe unterkneten, bis der gewünschte Farbton erreicht ist.

KNOPFKEKSE

Ergibt 24 Stück

Zutaten

1 Portion Grundteig (s. Seite 5)

3 Pastenfarben nach Wahl

1. Zwei Backbleche mit Backpapier auslegen und beiseitestellen.

2. Dem Grundrezept für Keksteig bis zu Schritt 3 folgen (s. Seite 5). Den Teig in drei gleich große Stücke teilen. Jedes Teigstück mit einer anderen Pastenfarbe verkneten, in Frischhaltefolie wickeln und mindestens 10 Minuten in den Kühlschrank legen.

3. Jede der Teigkugeln zwischen zwei Stücke Backpapier legen und 5 mm dick ausrollen. Aus jedem Teig mit einem runden Ausstecher (8 cm Ø) acht Kekse ausstechen und die Teigreste wenn nötig verkneten und nochmals ausrollen.

4. Die Kekse auf die vorbereiteten Backbleche legen. Für den Knopfrand einen runden Ausstecher (5 cm Ø) mittig leicht in die Kekse eindrücken. Mit der Spitze einer glatten Metalltülle vier Löcher in die Knöpfe stechen. Die Kekse 10 Minuten in den Kühlschrank legen und währenddessen den Backofen auf 180 °C vorheizen.

5. Die Kekse 15–18 Minuten im vorgeheizten Ofen backen, bis sie an den Rändern goldgelb sind. Zum Auskühlen auf Kuchengitter legen.

Du süßes Knöpfchen!

2.

3.

4.

BUCHSTABENKEKSE

Ergibt 24 Stück

Zutaten

1 Portion Grundteig (s. Seite 5)

Schokoladencreme

75 g Puderzucker
25 g Kakaopulver
50 g weiche Butter
1 EL Milch

Weitere Utensilien

Buchstabenausstechformen

1. Zwei Backbleche mit Backpapier auslegen und beiseitestellen.

2. Den Grundteig herstellen (s. Seite 5).

3. Den Teig zwischen zwei Stücke Backpapier legen und 5 mm dick ausrollen. Mit den Ausstechformen 48 Kekse ausstechen und die Teigreste wenn nötig verkneten und nochmals ausrollen.

4. Die Kekse auf die vorbereiteten Backbleche legen. Bei der Hälfte der Kekse mittig einen Buchstaben ausstechen (am Schluss sind es 24 glatte Kekse und 24 Kekse mit einem ausgestochenen Buchstaben). Die Kekse 10 Minuten in den Kühlschrank legen und in der Zwischenzeit den Backofen auf 180 °C vorheizen.

5. Die Kekse 15–18 Minuten im vorgeheizten Ofen backen, bis sie an den Rändern goldgelb sind. Aus dem Ofen nehmen und abkühlen lassen. Dann auf Kuchengittern auskühlen.

Lecker schokoladig!

4.

6.

7.

6. Für die Schokoladencreme Puderzucker und Kakao in eine große Rührschüssel sieben. Butter und Milch zufügen und alles mit einem Handmixer cremig rühren.

7. Die glatten Kekse mit etwas Creme bestreichen und wie bei einem Sandwich die Buchstabenkekse oben aufsetzen. Vor dem Servieren mindestens 1 Stunde auf einem Kuchengitter fest werden lassen. Kekse ohne Creme halten sich in einem luftdicht verschließbaren Behälter bis zu einen Monat. Mit Creme bestrichene Kekse am besten am selben Tag essen.

TIPP!

Mit einem Handmixer ist es kinderleicht, eine luftigleichte Schokoladencreme herzustellen. Allerdings sollte bei kleinen Kindern die „Bäckermeisterin" diese Aufgabe übernehmen.

KNALLIGE KEKSLOLLIS

Ergibt 12 Stück

Zutaten

1 Portion Grundteig (s. Seite 5)

Zuckerglasur

450 g Puderzucker

15 g neutrales Eiweißpulver

6 EL Wasser

5 Pastenfarben nach Wahl

Weitere Utensilien

12 Lollistiele

1. Drei Backbleche mit Backpapier auslegen und beiseitestellen.

2. Den Grundteig herstellen (s. Seite 5).

3. Den Teig zwischen zwei Stücke Backpapier legen und 8 mm dick ausrollen. Mit einem runden Ausstecher (8 mm Ø) 12 Kekse ausstechen. DieTeigreste wenn nötig verkneten und nochmals ausrollen.

4. Die Kekse auf die vorbereiteten Backbleche legen und dazwischen genug Platz für die Lollistiele lassen. Ein Ende eines Lollistiels in Wasser tauchen, vorsichtig in den Rand eines Kekses stechen und bis in die Mitte des Kekses schieben. Dasselbe mit allen Keksen wiederholen. Die Kekse 10 Minuten in den Kühlschrank legen und in der Zwischenzeit den Backofen auf 180 °C vorheizen.

5. Die Kekse 15–18 Minuten im vorgeheizten Ofen backen, bis sie an den Rändern goldgelb sind. Aus dem Ofen nehmen und ein paar Minuten auf den Blechen abkühlen lassen. Dann zum Auskühlen auf Kuchengitter legen.

Schön bunt!

6. Für die Zuckerglasur den Puderzucker in eine große Rührschüssel sieben. Eiweißpulver und Wasser zufügen und mit einem Löffel glatt rühren. Dann mit einem Handmixer 3–4 Minuten weiterrühren, bis die Glasur dickflüssig ist.

7. Ein Viertel der Glasur in einen Spitzbeutel mit kleiner runder Tülle füllen. Die restliche Glasur mit einem feuchten Geschirrtuch abdecken und beiseitestellen. Auf jeden Keks vorsichtig am Rand eine weiße Linie aufspritzen und 10 Minuten fest werden lassen.

8. Zur restlichen Glasur tröpfchenweise Wasser geben und jedes Mal kräftig aufschlagen, bis die Glasur eingedickt ist. Die Glasur auf sechs Schalen verteilen, fünf der Glasuren mit unterschiedlichen Farben einfärben. Die Glasuren in sechs Spritzflaschen mit glatter Tülle füllen.

9. Die Kekse innerhalb der weißen Linie mit verschiedenenfarbiger Glasur ausfüllen. Bevor die Glasur fest wird, noch eine Spirale aus weißer Glasur auf jeden Keks spritzen (auf die bunte Glasur). Vorsichtig an die Kekse klopfen, damit Luftbläschen an die Oberfläche der Glasur steigen. Mit einem Cocktailspieß zerplatzen.

10. Die Kekse über Nacht fest werden lassen oder in einem auf die niedrigste Temperatur vorgeheizten Ofen 40 Minuten trocknen, bis die Glasur hart geworden ist. Die Kekse auf einem Kuchengitter vollständig auskühlen lassen. In einem luftdicht verschließbaren Behälter sind die Kekse bis zu einen Monat haltbar.

TIPP!

Pastenfarben immer nur in ganz kleinen Mengen, am besten mit der Spitze eines Cocktailspießes, in den Teig geben, da sie sehr kräftig färben. Diese Arbeit sollte die „Bäckermeisterin“ übernehmen.

REGENBOGENKEKSE

Ergibt 20 Stück

Zutaten

1 Portion Grundteig (s. Seite 5)

6 Pastenfarben (rot, orange, gelb, grün, blau und violett)

Zum Dekorieren

100 g weiße Schokolade, in Stücke gebrochen

bunte Mini-Liebesperlen

1. Zwei Backbleche mit Backpapier auslegen und beiseitestellen.

2. Dem Grundrezept für Keksteig bis zu Schritt 3 folgen (s. Seite 5). Den Teig mit den Händen zu einer Kugel formen und in sechs gleich große Stücke teilen. Unter jede Teigportion eine andere Pastenfarbe kneten. Die Stücke getrennt in Frischhaltefolie wickeln und 10 Minuten in den Kühlschrank legen.

3. Eine der Teigkugeln zwischen zwei Stücke Backpapier legen und 8 mm dick ausrollen. Dasselbe mit den anderen fünf Kugeln wiederholen. Die Teigfladen übereinanderlegen und die Kanten gerade abschneiden, damit ein Rechteck entsteht.

4. Den Teigstapel quer halbieren und jedes Stück 10 Scheiben schneiden (jeder Keks sollte 10 cm lang und 4 cm breit sein).

5. Die Kekse auf die vorbereiteten Backbleche verteilen und 10 Minuten in den Kühlschrank legen. In der Zwischenzeit den Backofen auf 180 °C vorheizen.

3.

4.

Gestreift!

8.

6. Die Kekse 15–18 Minuten im vorgeheizten Ofen backen. Aus dem Ofen nehmen und auf einem Kuchengitter vollständig auskühlen lassen.

7. Für die Dekoration eine hitzebeständige Schüssel über einen Topf mit köchelndem Wasser setzen und die weiße Schokolade darin schmelzen. Glatt rühren, dann vom Herd nehmen und 10 Minuten abkühlen lassen.

8. Ein Ende jedes Kekses in die geschmolzene Schokolade tauchen und zurück auf das Backpapier legen. Mit Liebesperlen bestreuen und fest werden lassen. In einem luftdicht verschließbaren Behälter halten die Kekse bis zu drei Tage.

TIPP!

Wer Konservierungsstoffe und E-Zusätze vermeiden möchte, sollte auf natürliche Lebensmittelarben zurückgreifen, die man in Fachgeschäften oder im Internethandel kaufen kann.

HANDKEKSE

Ergibt 20 Stück

Zutaten

1 Portion Grundteig (s. Seite 5)

Zum Dekorieren

essbarer Kleber

essbares Glitzerpulver (Farbe nach Wunsch)

Weitere Utensilien

Handausstechform und andere kleinere Ausstechformen

feiner Pinsel

1. Zwei Backbleche mit Backpapier auslegen und beiseitestellen.

2. Den Grundteig herstellen (s. Seite 5).

3. Den Teig zwischen zwei Stücke Backpapier legen und 5 mm dick ausrollen. Mit der Handausstechform 20 Kekse ausstechen und die Teigreste wenn nötig verkneten und nochmals ausrollen.

4. Die Kekse auf die Backbleche legen und 10 Minuten in den Kühlschrank legen. In der Zwischenzeit den Backofen auf 180 °C vorheizen.

5. Die Kekse 15–18 Minuten im vorgeheizten Ofen backen, bis sie an den Rändern goldgelb sind. Aus dem Ofen nehmen und ein paar Minuten auf den Blechen abkühlen lassen. Dann zum Auskühlen auf Kuchengitter legen.

6. Für die Dekoration eine kleinere Ausstechform auf die abgekühlten Kekse legen, innerhalb der Form mit einem feinen Pinsel etwas essbaren Kleber aufstreichen und mit essbarem Glitzer bestreuen. In einem luftdicht verschließbaren Behälter halten sich die Kekse bis zu 2 Wochen.

Handlich!

3.

5.

6.

PIÑATA-KEKSE

Ergibt 10 Stück

Zutaten

200 g weiche Butter
150 g Zucker
1 großes Ei
2 TL Vanilleextrakt
375 g Mehl
25 g Kakaopulver
100 g weiße Schokolade, in Stücke gebrochen
175 g kleine Süßigkeiten
bunte Mini-Liebesperlen

1. Zwei Backbleche mit Backpapier auslegen und beiseitestellen. Butter und Zucker in einer Rührschüssel mit einem Handmixer cremig rühren, dann Eigelb und Vanilleextrakt untermengen.

2. Die Masse gleichmäßig auf zwei Schüsseln verteilen. 200 g Mehl in eine der Schüsseln sieben und alles zu einem groben Teig verrühren. Den Teig mit den Händen zu einer Kugel formen, in Frischhaltefolie wickeln und mindestens 10 Minuten in den Kühlschrank legen. Daraus werden die Vanillekekse.

3. Das restliche Mehl und den Kakao in die zweite Schüssel sieben und auch zu einem groben Teig verarbeiten. Zu einer Kugel formen, einwickeln und in den Kühlschrank legen. Daraus werden die Schokoladenkekse.

4. Eine der Teigkugeln zwischen zwei Stücke Backpapier legen und 5 mm dick ausrollen. Dasselbe mit dem anderen Teig wiederholen. Aus beiden Teigen mit einem runden Ausstecher je 25 Kekse ausstechen und die Teigreste wenn nötig verkneten und nochmals ausrollen.

2.

5.

8.
Mit Füllung!

5. 10 Vanille- und 10 Schokoladenkekse auf die vorbereiteten Backbleche legen und mit einem runden Ausstecher (4 cm Ø) mittig einen Kreis ausstechen. So entstehen Ringe. Die restlichen Kekse auch auf die vorbereiteten Backbleche legen und 10 Minuten in den Kühlschrank legen. In der Zwischenzeit den Backofen auf 180 °C vorheizen.

6. Die Kekse 15–18 Minuten im vorgeheizten Ofen backen, bis die Vanillekekse an den Rändern goldgelb sind. Aus dem Ofen nehmen und ein paar Minuten auf den Backblechen abkühlen lassen. Dann zum Auskühlen auf Kuchengitter legen.

7. Eine hitzebeständige Schüssel über einen Topf mit leicht köchelndem Wasser setzen und die weiße Schokolade darin schmelzen. Glatt rühren, dann vom Herd nehmen und 10 Minuten abkühlen lassen.

8. Die Schokolade in eine Papierspritztüte füllen und die Spitze mit einer Schere abschneiden. Am Rand eines ausgefüllten Vanillekekses einen Kreis aus Schokolade aufspritzen und einen Schokoladenring aufsetzen. Wiederholen, bis vier Schichten erreicht sind (abwechselnd helle und dunkle Keksringe). Den Innenraum mit Süßigkeiten füllen.

9. Schließlich auch auf den oberen Keksring eine Schokoladenlinie spritzen und einen Vanillekeks aufsetzen. Dasselbe wiederholen, nur diesmal mit einem Schokoladenkeks beginnen.

10. Für die Dekoration die restliche weiße Schokolade im Zickzackmuster über die Kekstürme träufeln und mit Liebesperlen bestreuen. Fest werden lassen. In einem luftdicht verschließbaren Behälter halten sich die Kekse bis zu drei Wochen.

TIPP!

Anstelle der Schokolade kann man auch Glasur (aus Puderzucker und Wasser) verwenden, um die einzelnen Turmschichten zusammenzukleben. Zuckerglasur wird allerdings erst nach ein paar Stunden fest.

KEKSLOLLIS MIT TIERSCHNAUZEN

Ergibt 12 Stück

Zutaten

1 Portion Grundteig (s. Seite 5)

Zum Dekorieren

450 g weißer Fondant

gekochtes Wasser, abgekühlt

Lebensmittelstifte oder Tubenzuckerguss

Weitere Utensilien

fester Karton

12 Lollistiele

Backpinsel

Schleifenband

1. Drei Backbleche mit Backpapier auslegen und beiseitestellen.

2. Den Grundteig herstellen (s. Seite 5).

3. Auf festen Karton eine Tierschnauze mit 11 cm x 7,5 cm Seitenlänge aufzeichnen und ausschneiden.

4. Den Teig zwischen zwei Stücke Backpapier legen und 8 mm dick ausrollen. Die Tierschnauzenvorlage auf den Teig legen und damit etwa 12 Kekse ausschneiden. Die Teigreste wenn nötig verkneten und nochmals ausrollen.

5. Die Kekse auf die vorbereiteten Backbleche legen und dazwischen genug Platz für die Lollistiele lassen. Ein Ende eines Lollistiels in Wasser tauchen, vorsichtig in den Rand eines Kekses einstechen und bis in die Mitte des Kekses schieben. Dasselbe mit allen Keksen wiederholen. Die Kekse 10 Minuten in den Kühlschrank legen und in der Zwischenzeit den Backofen auf 180 °C vorheizen.

Niedlich!

6. Die Kekse 15–18 Minuten im vorgeheizten Ofen backen, bis sie an den Rändern goldgelb sind. Aus dem Ofen nehmen und ein paar Minuten auf den Blechen abkühlen lassen, dann zum Auskühlen auf Kuchengitter legen.

7. Zum Dekorieren den Fondant auf einem Stück Backpapier 2 mm dick ausrollen. Auch hier die Tierschnauzenschablone auflegen und 12 Mal ausschneiden. Da die Kekse beim Backen leicht aufgehen, kann man für den Fondant dieselben Tierschnauzenvorlagen verwenden.

8. Die Oberseite der Kekse mit gekochtem, abgekühltem Wasser bestreichen und die Fondantschnauzen auflegen. Mindestens 48 Stunden trocknen lassen, bis der Fondant hart geworden ist.

9. Mit einem Lebensmittelstift Nase, Mund, Zähne und Schnurrhaare auf die Schnauzen zeichnen. Schließlich um jeden Lutscherstiel eine Schleife binden. Vor dem Servieren trocknen lassen. In einem luftdicht verschließbaren Behälter halten sich die Kekse bis zu einen Monat.

TIPP!

Wenn beim Einstechen der Stiele in den Keksteig Risse entstehen, kann man sie mit Teigresten „kitten". So bricht der Keks später nicht vom Stiel.

HERZFENSTER-KEKSE

Ergibt 20 Stück

Zutaten

1 Portion Grundteig (s. Seite 5)

20 rote Bonbons, zerstoßen

Weitere Utensilien

runder, geriffelter Ausstecher mit 7,5 cm Ø

kleine Herzausstechform

Metallspieß

Schleifenband

1. Zwei Backbleche mit Backpapier auslegen und beiseitestellen.

2. Den Grundteig herstellen (s. Seite 5).

3. Den Teig zwischen zwei Stücke Backpapier legen und 5 mm dick ausrollen. Mit dem runden, geriffelten Ausstecher 20 Kekse ausstechen und die Teigreste wenn nötig verkneten und nochmals ausrollen.

4. Die Kekse auf die vorbereiteten Backbleche verteilen und mit der Herzausstechform ein Herz mittig aus jedem Keks stechen. In das herzförmige Loch 1 Teelöffel zerstoßene Bonbons füllen. Mit der Spitze einer runden Spritztülle am Rand ein Loch in die Kekse stanzen. Die Kekse 10 Minuten in den Kühlschrank legen und in der Zwischenzeit den Backofen auf 180 °C vorheizen.

5. Die Kekse 15–18 Minuten im vorgeheizten Ofen backen, bis sie an den Rändern goldgelb sind. Aus dem Ofen nehmen. Die kleinen, ausgestanzten Löcher der noch warmen Kekse mit einem Metallspieß vergrößern und die Kekse auf den Blechen vollständig auskühlen lassen. Zur Dekoration ein Band durch das Loch fädeln. In einem luftdicht verschließbaren Behälter halten sich die Kekse bis zu zwei Wochen.

Mein Herzblatt!

4.

4

4.

KEKSSCHNÄUZER AM STIEL

Ergibt 24 Stück

Zutaten

1 Portion Grundteig (s. Seite 5)

Zuckerglasur

450 g Puderzucker

15 g neutrales Eiweißpulver

6 EL Wasser

Weitere Utensilien

fester Karton

24 Lollistiele

Lebensmittelstifte oder Tubenzuckerguss

1. Drei Backbleche mit Backpapier auslegen und beiseitestellen.

2. Den Grundteig herstellen (s. Seite 5). Während der Teig im Kühlschrank liegt, mit einem Bleistift auf festem Karton verschiedene Schnäuzer aufzeichnen und ausschneiden.

3. Den Teig zwischen zwei Stücke Backpapier legen und 5 mm dick ausrollen. Die Bartvorlagen auf den Teig legen und damit 24 Bärte ausschneiden. Die Teigreste wenn nötig verkneten und nochmals ausrollen.

4. Die Kekse auf die vorbereiteten Backbleche geben und dazwischen genug Platz für die Lollistiele lassen. Ein Ende eines Lollistiels in Wasser tauchen, vorsichtig in den Rand eines Kekses einstechen und bis in die Mitte des Kekses schieben. Dasselbe mit allen Stielen und Keksen wiederholen. Die Kekse 10 Minuten in den Kühlschrank legen und in der Zwischenzeit den Backofen auf 180 °C vorheizen.

5. Die Kekse 15–18 Minuten im vorgeheizten Ofen backen, bis sie an den Rändern goldgelb sind. Aus dem Ofen nehmen und auf den Blechen vollständig auskühlen lassen.

Essbare Masken!

6. Für die Zuckerglasur den Puderzucker in eine große Rührschüssel sieben. Eiweißpulver und Wasser zufügen und alles mit einem Löffel glatt rühren. Mit einem Handmixer 3–4 Minuten weiterrühren, bis die Glasur dickflüssig ist.

7. Ein Viertel der Glasur in einen Spritzbeutel mit runder Tülle füllen. Die rest liche Glasur mit einem feuchten Geschirrtuch abdecken. Auf jeden Keks am Rand vorsichtig eine weiße Linie aufspritzen und 10 Minuten fest werden lassen.

8. Zur restlichen Glasur tröpfchenweise Wasser geben und jedes Mal kräftig aufschlagen, bis die Glasur dickflüssig ist.

9. Die Glasur in eine Spritzflasche mit runder Tülle geben und einen Keks bis zur aufgespritzten Linie gleichmäßig mit der Glasur füllen. Vorsichtig an den Keks klopfen, damit Luftbläschen an die Oberfläche der Glasur steigen. Mit einem Cocktailspieß zerplatzen. Dasselbe mit den restlichen Keksen wiederholen.

10. Die Glasur über Nacht fest werden lassen oder die Kekse im auf die niedrigste Temperatur vorgeheizten Ofen 40 Minuten trocknen. Auf einem Kuchengitter vollständig auskühlen lassen.

11. Abschließend mit Lebensmittelstiften jeden Keks schön haarig anmalen und die Farbe vor dem Servieren trocknen lassen. In einem luftdicht verschließbaren Behälter sind die Kekse bis zu einen Monat haltbar.

TIPP!

Beim Dekorieren verschiedene Farben ausprobieren. Man kann die Bärte auch mit Buttercreme (s. Seite 12) bestreichen und mit Schokoladenstreuseln bestreuen. Das wirkt richtig „haarig"!

GESPENSTERKEKSE

Ergibt 24 Stück

Zutaten

1 Portion Grundteig (s. Seite 5)

Zuckerglasur

450 g Puderzucker, gesiebt

15 g neutrales Eiweißpulver

6 EL Wasser

Weitere Utensilien

Gespensterausstechform

Lebensmittelstift oder Tubenzuckerguss

1. Zwei Backbleche mit Backpapier auslegen und beiseitestellen.

2. Den Grundteig herstellen (s. Seite 5).

3. Den Teig zwischen zwei Stücke Backpapier legen und 5 mm dick ausrollen. Mit der Gespensterausstechform 24 Kekse ausstechen und die Teigreste wenn nötig verkneten und nochmals ausrollen.

4. Die Plätzchen auf die vorbereiteten Backbleche verteilen und 10 Minuten in den Kühlschrank legen. In der Zwischenzeit den Backofen auf 180 °C vorheizen.

5. Die Plätzchen 15–18 Minuten im vorgeheizten Ofen backen, bis sie an den Rändern goldgelb sind. Aus dem Ofen nehmen und ein paar Minuten auf den Blechen abkühlen lassen. Dann zum Auskühlen auf Kuchengitter legen.

6. Für die Zuckerglasur den Puderzucker in eine große Rührschüssel sieben. Eiweißpulver und Wasser zufügen und alles mit einem Löffel glatt rühren. Mit einem Handmixer 3–4 Minuten weiterrühren, bis die Glasur dickflüssig ist.

Gruselig!

7. Ein Viertel der Glasur in einen Spritzbeutel mit runder Tülle füllen. Die restliche Glasur mit einem feuchten Geschirrtuch abdecken. Auf jeden Keks am Rand vorsichtig eine weiße Linie aufspritzen und 10 Minuten fest werden lassen.

8. Zur restlichen Glasur tröpfchenweise Wasser geben und jedes Mal kräftig aufschlagen, bis die Glasur dickflüssig ist.

9. Die Glasur in eine Spritzflasche mit runder Tülle geben und einen Keks bis zur aufgespritzten Linie gleichmäßig mit der Glasur füllen. Vorsichtig an die Kekse klopfen, damit Luftbläschen an die Oberfläche der Glasur steigen. Mit einem Cocktailspieß zerplatzen. Dasselbe mit den restlichen Keksen wiederholen.

10. Die Glasur über Nacht fest werden lassen oder die Plätzchen in einem auf die niedrigste Temperatur vorgeheizten Ofen 40 Minuten trocknen. Auf einem Kuchengitter vollständig auskühlen lassen.

11. Abschließend auf jeden Gespensterkeks mit einem Lebensmittelstift ein gruseliges Gesicht malen, und die Farbe vor dem Servieren trocknen lassen. In einem luftdicht verschließbaren Behälter halten sich die Kekse bis zu einen Monat.

TIPP!

Vor dem Dekorieren müssen die Plätzchen vollständig abgekühlt sein. Eventuelle Krümel an den Rändern vorsichtig abbürsten und die Plätzchen vor dem Glasieren auf eine saubere Arbeitsfläche oder ein Kuchengitter legen.

ETIKETTENKEKSE

Ergibt 30 Stück

Zutaten

200 g weiche Butter
150 g Rohrzucker
2 EL Melasse
1 großes Ei
400 g Mehl
1 TL Ingwerpulver

Zum Dekorieren

Puderzucker, zum Bestäuben
450 g weißer Fondant
gekochtes Wasser, abgekühlt
Lebensmittelstifte oder Tubenzuckerguss

Weitere Utensilien

Etikettenausstechform
dekorative Schnur

1. Zwei Backbleche mit Backpapier auslegen und beiseitestellen. Butter, Zucker und Melasse in einer Schüssel mit einem Holzlöffel gut verrühren, dann das Eigelb untermengen.

2. Mehl und Ingwerpulver in die Schüssel sieben und alles zu einem groben Teig verrühren. Den Teig mit den Händen zu einer Kugel formen, in Frischhaltefolie wickeln und mindestens 10 Minuten in den Kühlschrank legen.

3. Den Teig zwischen zwei Stücke Backpapier legen und 5 mm dick ausrollen. Mit der Etikettenausstechform 30 Kekse ausstechen und die Teigreste wenn nötig verkneten und nochmals ausrollen.

4. Die Kekse auf die vorbereiteten Backbleche legen. Mit der Spitze einer runden Spritztülle ein Loch in die Spitze jedes Kekses stanzen. Die Kekse 10 Minuten in den Kühlschrank legen und in der Zwischenzeit den Backofen auf 180 °C vorheizen.

5. Die Plätzchen 15–18 Minuten im vorgeheizten Ofen backen, bis sie an den Rändern goldgelb sind. Aus dem Ofen nehmen und wenn nötig die Löcher der noch warmen Kekse mit einem Metallspieß vergrößern. Die Plätzchen dann auf den Blechen abkühlen lassen.

4.

6.

Mit Namen!

8.

6. Zum Dekorieren die Arbeitsfläche mit Puderzucker bestäuben und den Fondant darauf 2 mm dick ausrollen. Nochmals mit dem Etikettenausstecher Etiketten ausstechen und ein Loch ausstanzen.

7. Die Oberseite der Plätzchen mit gekochtem, abgekühltem Wasser bestreichen und die Fondantetiketten auflegen. Dabei müssen die ausgestanzten Löcher direkt übereinanderliegen. Mindestens 48 Stunden trocknen lassen, bis der Fondant hart geworden ist.

8. Abschließend mit Lebensmittelstift Namen auf die Etiketten schreiben und als Aufhänger eine schöne Schnur durch das Loch fädeln. Die Farbe vor dem Servieren trocknen lassen. In einem luftdicht verschließbaren Behälter halten sich die Kekse bis zu einen Monat.

TIPP!

Damit der Keksrand beim Ausstechen schön glatt wird, den Ausstecher vorher in Mehl tauchen. Die Teigreste vorsichtig zusammenkneten und nochmals ausrollen, um weitere Kekse auszustechen.

First published by Parragon Books Ltd in 2014
LOVE FOOD is an imprint of Parragon Books Ltd

Parragon Books Ltd
Chartist House
15–17 Trim Street
Bath BA1 1HA, UK
www.parragon.com/lovefood

Rezepte: Jane Lawrie und Christine Francer; Fotografien: Noel Murphy; Layout: Karli Sheasby

Parragon Books Ltd
Chartist House
15–17 Trim Street
Bath BA1 1HA, UK
www.parragon.com

Realisation der deutschen Ausgabe:
trans texas publishing services GmbH, Köln
Übersetzung: Melanie Schirdewahn, Köln

ISBN 978-1-4723-5846-2
Printed in China

Hinweis
Sind Zutaten in Löffeln angegeben, ist immer ein gestrichener Löffel gemeint: Ein Teelöffel entspricht 5 ml, ein Esslöffel 15 ml. Sofern nicht anders angegeben, wird Vollmilch (3,5 % Fett) verwendet. Eier sind von mittlerer Größe. Garnierungen, Dekorationen und Serviervorschläge sind optional und nicht unbedingt in der Zutatenliste oder Anleitung angegeben.
Kinder sollten in der Küche immer von einem Erwachsenen beaufsichtigt werden, insbesondere wenn Sie mit Messern oder anderen scharfen Gegenständen sowie elektrischen Geräten hantieren.